자기신뢰

SELF-
RELIANCE

새우와 고래가 함께 숨 쉬는 바다

자기신뢰

지은이 | 랠프 월도 에머슨
옮긴이 | 전미영

펴낸이 | 황인원
펴낸곳 | 도서출판 창해

신고번호 | 제2019-000317호

초판 1쇄 발행 | 2015년 12월 31일
초판 8쇄 발행 | 2021년 09월 19일

우편번호 | 04037
주소 | 서울특별시 마포구 양화로 59, 601호(서교동)
전화 | (02)322-3333(代)
팩시밀리 | (02)333-5678
E-mail | changhaebook@daum.net / dachawon@daum.net

ISBN 978-89-7919-590-3 (03190)

Publishing Club Dachawon(多次元)
창해·다차원북스·나마스테

자기신뢰

SELF-RELIANCE

랠프 월도 에머슨 지음 | 전미영 옮김

지은이 랠프 월도 에머슨 Ralph Waldo Emerson

미국의 초현실주의 시인이자 사상가.

1803년 보스턴의 청교도 마을에서 유니테리언 목사의 아들로 태어났다. 보스턴의 라틴학교에서 고전을 공부한 뒤 하버드 신학대학에 입학했으며, 1829년 보스턴 제2교회 부목사로 임명되었다. 건강 문제로 부목사직을 사임한 뒤 문필가이자 시인, 사상가로 활동했다.

이후 동양철학의 영향을 받아 내부의 정신적 자아가 외부의 물질적 존재보다 우월하다고 주장하는 초절주의 운동의 선구자가 되었다. 노예제도의 폐지를 주장했으며, 인디언에 대한 가혹한 조치에 반대했다. 1882년 79세의 나이로 사망한 그는 19세기와 20세기 미국의 종교, 예술, 철학, 정치에 뚜렷한 영향을 미친 인물로 평가받는다. 이 책은 미국 오바마 대통령의 애독서로 소개되어 특히 주목을 받았다.

저서로 『자연론』(1836)을 비롯해 「역사」 「자기신뢰」 「보상」 등으로 구성된 『에세이 1집』(1841), 「시인」 「경험」 등이 포함된 『에세이 2집』(1844), 『대표적 위인론』(1850), 『사회와 고독』(1870) 등이 있다

옮긴이 전미영

부산에서 태어나 서울대학교 정치학과를 졸업했다. 「헤럴드경제」, 「이데일리」 등 언론사 국제부와 비영리재단인 푸르메재단에서 일했다. 현재는 전문번역가로 활동 중이다.

저서로 『초등학생이 꼭 알아야 할 경제이야기』, 역서로 『노동의 배신』 『긍정의 배신』 『오! 당신들의 나라』 『조금 달라도 괜찮아』 『숫버스』 『사랑받지 못한 어글리』 『무언의 속삭임』 『신을 찾아서』 등이 있다.

"너를 자기 밖에서 구하지 마라."

Ne te quaesiveris extra.

차례

인간은 자기 자신의 별이다.

정직하고 완전한 인간을 만들 수 있는 영혼은

모든 빛과 모든 힘과 모든 운명을 지배한다.

그에게는 어떤 일도 너무 빠르거나

너무 늦게 일어나지 않는다.

우리의 행위는 곧 우리의 천사. 선이든 악이든,

조용히 우리와 함께 걷는 운명의 그림자다.

— 보몬트 · 플레처, 「정직한 자의 운명Honest Man's Fortune」

어린 것을 바위에 던져라.

늑대의 젖꼭지를 빨게 하고

매와 여우와 더불어 겨울을 나게 하라.

힘과 속도가 그의 손이 되고 발이 되리라.

1장

당신 자신을 믿어라

얼마 전에 나는 저명한 화가가 쓴
몇 편의 시를 읽었다. 인습에서 벗어난 독창적인
시였다.

주제가 무엇이든, 그런 시는 인간의 영혼에 반드
시 어떤 가르침을 준다. 시를 읽을 때 마음에 스며
드는 감정은 그 시에 담긴 어떤 사상보다 더 많은
가치가 있다.

자기 자신의 생각을 믿는 것, 자기 마음속에서
진실인 것은 다른 모든 사람에게도 진실이라고 믿
는 것, 그것이 천재天才다.

마음속에 숨어 있는 확신을 소리 내어 말하라.
그러면 그것이 보편적인 의미를 갖게 될 것이다.
때가 되면 마음속 가장 깊숙한 곳에 있던 것이 겉
으로 드러나기에, 최후의 심판을 알리는 나팔소리

가 울리면 우리가 처음에 가졌던 생각이 우리에게 되돌아온다.

마음속 목소리를 듣는 것이 드문 일은 아니다. 모세, 플라톤, 밀턴에 대해서 가장 높이 평가해야 할 점은, 그들이 책과 전통을 무시하고 남들이 생각하는 것이 아니라 자신이 생각한 것에 대해 이야기했다는 점이다.

시인이나 현자賢者가 보여주는 천상의 광휘가 아니라, 내부에서부터 우리 마음을 가로질러 번뜩이는 빛줄기를 찾아내고 관찰하는 법을 배워야 한다. 하지만 우리는 대부분 자기 생각에 주목하지 않고, 오히려 그 생각이 자기 것이라는 이유로 밀쳐버리고 만다.

우리는 흔히 천재의 작품을 통해 우리가 내던진

생각을 만나게 된다. 한때 우리가 품었던 그 생각들이 이제 가까이 다가가기 어려운 위엄을 띠고 우리에게 되돌아온다. 위대한 예술 작품들에서 얻을 수 있는 가장 큰 교훈이 이것이다. 모두들 반대편에 서서 떠들고 있을 때야말로 부드럽게, 하지만 단호하게 자기 자신의 느낌에 귀 기울여야 한다.

그렇게 하지 않으면 내일 어떤 사람이 우리 앞에 불쑥 나타나 우리가 늘 생각하고 느꼈던 것들을 그럴싸하게 이야기할지도 모른다. 다른 사람의 입을 통해 자기 생각을 들어야 하는 부끄러운 처지에 놓이게 되는 것이다.

공부를 해나가다 보면 이런 확신에 도달하게 되는 시점이 있다. 질투란 무지無知이고 모방은 자살이라는 것, 좋든 나쁘든 자기 몫을 받아들여야 한다는 확신이다. 드넓은 우주가 선의로 가득 차 있다고 해도, 자신에게 주어진 땅을 애써 일구지 않는다면 내 몸을 살찌울 옥수수 한 톨 얻을 수 없다는 확신이다.

우리에게 깃들어 있는 힘은 완전히 새로운 것이다. 내가 무엇을 할 수 있는지는 나 자신밖에 모르고, 그것도 해보지 않고는 알 수 없다.

어떤 얼굴, 어떤 성격, 어떤 사실에서는 깊은 인상을 받는 반면, 또 다른 얼굴이나 성격이나 사실에서는 아무 느낌도 받지 못하는 일이 있다. 거기에는 충분한 이유가 있다. 이미 머릿속에 자리 잡고 있는 것들과 조화를 이룰 때에만 새로운 어떤 것이 기억에 새겨지기 때문이다. 한 줄기 빛이 비칠 때 우리의 눈길은 그쪽으로 쏠려 특정한 그 빛줄기의 존재를 입증하게 된다.

우리는 자신을 절반밖에 표현하지 못하며, 하늘로부터 받은 신성한 관념을 부끄럽게 여긴다. 우리가 그런 관념을 조화롭고 선한 것으로 여기고 신뢰했더라면, 그것은 우리 한 사람 한 사람에게 온전하게 주어졌을 것이다. 하지만 신은 비겁한 자를 통해 자신의 과업이 드러나는 것을 용납하지 않는다.

사람은 온 마음으로 일에 몰두하고 최선을 다할 때 활기를 얻고 즐거워진다. 하지만 말과 행동이 그렇지 못할 때는 마음의 평안을 누리지 못한다.

그것은 아무것도 낳지 못하는 해산解産이다. 마음에 없는 일을 하게 되면 재능이 그를 버리고, 뮤즈muse도 그의 곁을 떠나버린다. 창조도, 희망도 사라진다.

자기 자신을 믿어야 한다. 자기를 신뢰하는 강한 현絃을 갖게 되면 모든 사람의 마음이 거기에 맞춰 울릴 것이다.

신성한 섭리가 우리를 위해 마련해둔 장소를, 우리와 동시대 사람들로 이뤄진 사회를, 사건들의 연계를 받아들여야 한다. 위대한 사람들은 언제나 그렇게 해왔다. 어린아이처럼 순순히 시대정신에 자기를 맡기고, 절대적으로 신뢰할 수 있는 것이 그의 마음에 자리잡고 있으며, 그의 손을 통해 행하고, 자기의 존재 전체를 지배하고 있다는 것을 보여주었다.

우리도 고결한 마음으로 그 초월적 운명을 받아들여야 한다. 미성년자나 환자처럼 누군가에게 보호받거나, 혁명 앞에서 도망치는 비겁한 사람이 되어서는 안 된다.

우리는 길잡이로서, 구원자로서, 은혜를 베푸는 자로서, 전능한 힘에 복종하며 '혼돈'과 '어둠'을 뚫고 앞으로 나아가야 한다.

자기신뢰라는 이 주제에 관해 자연은 어린아이와 아기, 심지어 동물의 얼굴과 행동을 통해 우리에게 얼마나 훌륭한 계시를 주고 있는가!

어린아이와 아기, 동물들에게는 반발하는 마음, 불신의 감정이 없다. 그런 감정들은 손익을 따지고, 목적에 어긋나는 힘과 수단을 선택하는 데서 나오기 때문이다.

그들의 마음은 온전하며, 그들의 눈은 아직 누구에게도 정복당하지 않았다. 그렇기 때문에 그들의 얼굴을 들여다볼 때면 오히려 우리가 당황하게 된다.

아기는 아무에게도 맞추지 않는다. 오히려 세계가 아기에게 맞출 뿐이다. 아기가 혼자 있으면 어른들이 주위로 몰려가 아기를 어르고 장난치지 않던가.

신은 사춘기의 소년, 장년기의 어른에게도 마찬가지로 각각 매력을 부여해 선망의 대상이 되고 품위를 갖출 수 있도록 했다. 본연의 모습을 간직하는 한, 그들의 주장이 무시당하는 일이 없도록 만든 것이다.

젊은이가 쩔쩔매며 할 말을 제대로 못한다고 해서 무력하다고 생각하면 안 된다. 귀를 기울여보라! 그가 옆방에 있으면 목소리가 아주 또렷하고 힘 있게 들려올 것이다. 또래를 만나면 어떻게 대화를 나누어야 하는지 아는 듯하다. 비슷한 나이의 친구를 상대할 때, 부끄럼을 많이 타든 대담한 성격이든 상관없이, 더 나이 많은 사람들을 쓸모없는 존재로 만들어버리는 법도 터득하게 될 것이다.

끼니를 걱정할 필요가 없는 소년들은 다른 사람을 회유하는 말과 행동을 경멸한다. 군주와 같은 태연함이야말로 인간이 천성적으로 타고난 건전한 태도이다.

극장에서 무대를 쳐다보는 관객처럼, 소년은 거실에 앉아서 이 세상을 바라본다. 그는 구석 자리에 앉아 지나가는 사람들과 사물을 부담 없이 독립적으로 바라본다. 소년은 그 또래 특유의 재빠르고 단순한 방식으로 좋다, 나쁘다, 재미있다, 어리석다, 마음이 끌린다, 귀찮다는 식으로 그들을 판단한다.

소년은 결과나 이해관계에 조금도 구애받지 않는다. 제 마음대로 순수하게 판결을 내린다. 오히려 우리가 그의 비위를 맞추어야 한다. 소년은 우리를 전혀 신경 쓰지 않는다.

하지만 어른은 자의식으로 인해 감옥에 갇혀 있는 셈이다. 튀는 언행은 곧바로 꼼짝없이 수많은 사람들의 동정이나 미움을 사게 된다. 그러므로 다른 사람들의 감정을 고려하지 않을 수 없다. 이런 일에는 망각의 강이 없다.

아, 그가 다시 한 번 중립적인 입장으로 돌아갈 수 있다면!

어떤 맹세에도 구속되지 않은 채 영향도, 편견도, 오점도, 두려움도 없는 결백하고 한결같은 시선으로 사물을 바라보는 사람은 두려움을 불러일으키는 존재가 된다.

그는 주위에서 일어나는 모든 사건에 대해 자신이 생각하는 것을 그대로 말할 것이다. 그 의견은

단순히 개인적인 것으로 치부할 수 없다. 귀 기울여 들을 필요가 있는 그 의견은 화살처럼 사람들의 귀를 뚫어 두려움에 떨게 할 것이다.

이런 목소리들은 우리가 고요히 홀로 있을 때 들린다. 우리가 세상 속으로 들어가면 그 목소리는 희미해져 들을 수 없게 된다.

사회는 구성원 한 사람 한 사람이 가진 인간다움을 빼앗으려 음모를 꾸민다. 사회는 일종의 주식회사이다. 그 속에서 각각의 주주들은 자신이 먹을 빵을 더 확실히 보장받는 대신, 그 대가로 자유와 교양을 넘겨주기로 합의한 셈이다.

거기서 우선적으로 요구되는 덕목은 순응이다. 자기신뢰는 혐오의 대상이다. 사회는 본질과 창조성이 아니라 명목과 관습을 사랑한다.

누구든 진정한 인간이 되려고 한다면 사회에 영합해서는 안 된다. 불멸의 승리를 얻으려는 사람은 선(善)이라는 명목에 가로막히지 않고, 그것이 진정한 선인지 스스로 탐구해야 한다.

결국에 자기 자신의 정신적 고결함보다 신성한 것은 없다. 먼저 자신의 무죄를 선언하고 자기 자신을 감옥에서 해방시켜라. 그러면 세계는 자연히 거기에 동의할 것이다.

내가 아주 젊었을 때, 세간의 존경을 받던 어느 조언자에게 했던 말을 아직 기억하고 있다. 그는 교회의 낡아빠진 교리로 나를 성가시게 했다. 나는 그에게 물었다.

"내가 만일 나 자신의 내부에서 나온 명령을 전적으로 따른다면, 신성한 전통이라는 게 무슨 소용

이 있을까?"

그러자 그 친구는 대답했다.

"하지만 그런 충동은 위에서가 아니라 아래에서 온 것인지도 모르지."

그래서 나는 이렇게 말했다.

"정말 그렇다고는 생각하지 않지만, 혹시 내가 악마의 자식이라면 나는 악마의 명령을 따르며 살 겠네."

나에게는 내 본성에서 나온 율법 이외에는 어떤 것도 신성하지 않다. 선과 악은 단순히 이름에 지 나지 않는다. 그래서 선이 악으로, 혹은 악이 선으 로 쉽게 바뀔 수 있다. 오직 하나 옳은 것은 내 본 성을 따르는 것이고, 오직 하나 그른 것은 내 본성 에 반하는 것이다.

모두가 반대한다고 해도, 사람은 자기 자신을 제외한 모든 것이 허울뿐이고 덧없는 것인 양 행동해야 한다. 우리가 배지나 이름, 거대한 단체나 죽은 조직에 얼마나 쉽게 굴복하는지 생각해보면 부끄러울 따름이다.

점잖고 말 잘하는 사람 앞에 있으면 나는 필요 이상으로 영향을 받고 동요한다. 하지만 몸을 똑바로 세우고 씩씩하게 나아가 언제라도 무례한 진실을 말해야 한다.

악의와 허영심이 박애라는 옷을 걸치고 나타난다면 눈감아주어야 할까? 어떤 사람이 바베이도스[1]에서 온 새로운 소식을 전하러 내게 왔다고 하자. 노예제도 폐지라는 그런 박애적인 임무를 띤 사람이 사실은 험악한 고집쟁이라면, 그에게 이렇게 말하

---

1) 서인도제도에 있는 영연방 국가. 1834년 노예제도를 없애 미국의 노예폐지운동을 자극했다.

지 못할 이유가 있을까?

"가서 당신의 아이를 사랑하고, 당신을 위해 나무를 패고 험한 일을 하는 사람을 사랑하세요. 선한 마음을 가지고 겸손해지세요. *그런* 미덕을 가지세요. 멀리 있는 흑인들에 대한 믿을 수 없는 온정으로 당신의 냉담하고 무자비한 야심을 치장하지 마세요. 먼 곳에 있는 사람들에 대한 당신의 사랑은 집에서는 악의에 지나지 않습니다."

사람을 그렇게 대하는 것은 거칠고 무례한 짓이지만, 그럼에도 진실은 가식적인 사랑보다 훌륭하다.

우리가 품은 선의에는 얼마간 모가 나 있어야 한다. 그렇지 않다면 그것은 아무것도 아니다. 사랑의 가르침이 울고 흐느끼는 것에 지나지 않는다면, 그런 사랑의 가르침에 대한 반작용으로 증오의 가르침이 있어야 한다.

내 천성이 나를 부르면, 나는 부모도 아내도 형제도 멀리한다. 나는 문설주에 '기분 내키는 대로 Whim'라고 써놓을 것이다. 사실 그 말의 의미가 '기분 내키는 대로' 하는 것보다 좀더 나은 것이기를 바라지만, 그것을 설명하느라 시간을 허비할 필요는 없다. 내가 왜 함께 있을 사람을 찾는지, 혹은 왜 혼자 있고 싶어하는지 설명해주기를 기대하지 말았으면 좋겠다.

오늘 어떤 사람이 내게 말했다. 가난한 사람들 모두에게 좋은 상황을 가져다주어야 할 의무가 내게 있다는 것이다. 그런 말을 내게 하지 마시라. 어째서 내가 그들을 떠맡아야 하는가?

나는 당신들, 어리석은 박애주의자들에게 말한

다. 내게 속하지 않은 사람들, 내가 속하지 않은 사람들에게 주는 돈은 단돈 1달러라도, 1다임이라도, 1센트라도 나는 아깝다.

정신적으로 절대적인 친근감을 느껴 나 자신을 사고팔아도 좋을 만큼 가까운 그런 사람들이 있다. 그들을 위해서 필요하다면 나는 감옥에라도 갈 것이다.

하지만 당신들의 그 잡다하고 흔해빠진 자선사업, 바보들의 대학에서 이루어지는 교육, 요즘 많은 사람들이 후원하는 그런 헛된 목적을 위한 공회당 건물, 주정뱅이를 위한 후원금, 수많은 구호단체들에 대해서는 다르다.

부끄러움을 무릅쓰고 고백하자면, 나도 때때로 설득에 넘어가 그런 곳에 돈을 기부하곤 한다. 하

지만 그것은 사악한 돈이다. 앞으로는 용기를 내어

그런 요구를 거절하려고 생각한다.

덕德이라는 것은 세속적인 관점에서 보자면 법칙이라기보다 예외이다.

어떤 한 사람이 있고, 또 그의 덕이 있다. 날마다 가기로 약속한 행진에 참가하지 않은 대가로 벌금을 내듯이, 사람들은 자신의 용기와 자비심을 보여주기 위해 선행이라고 불리는 행위를 한다.

그들의 선행은 자신이 세상을 살아간다는 사실에 대해 사과하거나 정상을 참작해달라고 해명하는 것이다. 병자나 정신이상자가 비싼 숙박요금을 내는 것과 같다. 그들의 덕이란 결국 벌금이다.

하지만 나는 속죄하는 것이 아니라 삶을 살아가고 싶다. 내 삶은 그 자체로 존재하는 것이지 구경거리가 아니다. 내가 원하는 삶은 화려하고 불안정하기보다는 수수한 것이고, 그래서 성실하고 평온한 것이다. 또 건전하고 즐거운 생활, 식이요법도 수술도 필요 없는 생활이기를 바란다.

내가 당신에게 당신이 한 사람의 인간이라는 근본적인 증거를 요구할 때, 그 답이 당신이라는 사람 자체에서 나온 것이 아니라 당신의 행위에서 나온 것이라면 나는 거부한다.

내가 훌륭하다고 인정받는 일을 한다 해도, 또는 그것을 피한다 해도, 나 자신에게는 아무런 차이가 없다. 나는 내가 본래 가진 어떤 특권에 대가를 지불하는 데 동의할 수 없다. 타고난 재능이 거의 없고, 설령 있더라도 하찮은 것에 지나지 않는다 해도, 나는 확실히 나 자신으로 존재하고 있다. 나 자신을 납득시키기 위해, 또 주위 사람들을 납득시키기 위해 이차적인 증명은 필요하지 않다.

내가 해야 할 일은 모두 내게 관계된 것이지, 다른 사람들이 내가 해야 한다고 생각하는 일이 아니다. 이 기준을 지키는 것은 일상생활이나 지적인 생활에서 똑같이 어려운 일이기는 하지만, 중요한 것과 하찮은 것을 구분하는 가장 중요한 지표가 될 것이다.

세상에는 당신의 의무가 무엇인지 당사자인 당신보다 더 잘 안다고 생각하는 사람들이 항상 있게 마련이므로 이 기준을 지키는 것이 어렵다.

세상에 살면서 세상의 의견을 좇아 생활하는 것은 쉽다. 혼자 있으면서 자신의 의견에 따라 살아가는 것도 쉽다. 하지만 위대한 사람은 시끄러운 군중 속에서도 온화한 태도로 혼자 있을 때와 같은 독립성을 유지한다.

이미 당신에게 의미 없어진 관습에 순응하는 것을 반대하는 이유는 그것이 당신이 가진 힘을 흩뜨려놓기 때문이다.

인습에 순응하는 것은 당신의 시간을 빼앗고, 당신의 본성이 느낀 인상을 흐릿하게 만든다. 당신이 죽은 교회를 지지한다면, 생명력을 잃은 성서협회 같은 곳에 기부한다면, 정부를 편들거나 반대하는 거대 정당에 투표한다면, 비천한 하녀처럼 식탁이나 차리고 있다면, 그런 모습을 통해서 나는 당신이 정확히 어떤 사람인지 분별해낼 수가 없다. 또 그런 일을 하는 동안 당신은 인생에서 많은 힘을 빼앗기고 만다.

당신 자신의 일을 하라. 그러면 나는 당신이 누구인지 알 수 있다. 당신 자신의 일을 하라. 그러면 당신은 자신을 더 강하게 만들 수 있다. 순응이라는 유희가 얼마나 장님놀이 같은 것인지 생각해봐야만 한다.

어떤 사람이 무슨 종파에 속해 있는지 안다면, 그 사람이 어떤 주장을 할지 충분히 예상할 수 있다. 목사가 자기 교회의 제도가 얼마나 편리한지에 관해 설교할 것이라는 말을 들었다고 하자. 그의 설교를 직접 듣지 않아도 목사가 새롭고 자발적인 이야기는 한마디도 하지 못할 것이란 사실을 알지 않는가? 목사가 겉으로는 그 제도의 기반을 검토하는 척하지만 실은 전혀 그렇지 않다는 것을 알지 않는가? 그가 한 사람의 인간이 아니라 교구 목사로서 자신에게 허용된 일면만을 바라보겠다고 스스로 서약했다는 것을 알지 않는가?

그는 고용된 변호사이며, 그 법정의 위세는 공허한 허식일 따름이다.

그렇다. 대부분의 사람들은 이런저런 손수건으로 자신들의 눈을 가리고, 이런저런 여론 공동체 가운데 한 곳에 속해 있다. 그렇게 순응하는 탓에 사람들은 몇 가지 특정한 문제에 대해서만 잘못을 저지르는 것이 아니며, 몇 가지 거짓말만 하게 되는 것도 아니다. 모든 문제에 잘못을 저지르게 되는 것이다.

그들의 진실은 어느 것도 완전한 진실이 아니다. 그들이 말하는 둘은 정말 둘이 아니고, 그들이 말하는 넷은 진짜로 넷이 아니다. 그래서 그들의 한 마디 한 마디에 우리는 분개하게 된다.

그들을 바로잡으려 해도 도대체 어디서부터 시

작해야 할지 알 수 없다. 그 순간, 인간은 자신이 속해 있는 당파의 죄수복을 입게 된다. 우리는 서로서로 얼굴과 외양을 닮아가고, 차츰 지극히 순종적인 당나귀의 표정을 갖게 된다.

그 중에서도 인간에게 가장 치욕적인 경험은 일상생활에 언제나 등장하는 '아첨하는 바보 같은 표정'이다. 재미 없는 대화에 끌려들어 불편한 마음으로 대답할 때 우리의 얼굴에 나타나는 억지웃음 말이다. 그럴 때면 근육이 자연스럽지 않아서 억지로 움직여야 하기 때문에 기분이 아주 나빠지며 얼굴도 굳어버린다.

순응하지 않는 사람에게 세상은 불쾌감을 드러내며 회초리를 휘두른다. 그러므로 어떤 사람이 얼굴을 잔뜩 찌푸리고 있으면 주위 사람들은 그의 기색을 살피게 된다. 길거리에서, 친구의 거실에서, 방관자들은 그를 흘낏거린다.

구경꾼들이 나타내는 반감이 경멸이나 저항감 같은 것에 뿌리를 두고 있다면, 그는 그것을 받아들이고 쓸쓸히 집으로 돌아갈 수밖에 없다. 하지만 그들의 다정한 얼굴과 마찬가지로 대중의 찌푸린 얼굴에는 달리 깊은 이유가 없다. 그저 바람이 부는 대로, 신문에서 보여주는 방향에 따라 이런 표정을 지었다가 저런 표정을 지었다가 할 뿐이다.

그렇긴 해도 대중의 불만은 의회나 대학의 불만보다 훨씬 무서운 것이다. 세상을 알고 굳은 의지를 가진 사람이라면 교양 있는 계층의 분노는 쉽게 견딜 수 있다. 교양 있는 사람들의 분노는 품위 있고 조심스럽다. 그들 자신이 상처받기 쉽기 때문에 그만큼 분노도 소심하게 표현한다.

그러나 그들의 여성적인 분노에 대중의 격분이 가세할 때에는, 무지하고 가난한 자들이 들고 일어날 때에는, 사회의 밑바닥에 깔려 있던 무지몽매한 야수 같은 힘이 으르렁거릴 때에는 다르다. 신과 같은 초연한 태도로 그런 현상에 아랑곳하지 않고 사소한 일로 넘기기 위해서는 넓은 아량과 종교가 필요하다.

인간을 자기신뢰에서 멀어지게끔 위협하는 또 다른 요인은 우리가 가진 일관성이다. 우리는 과거에 했던 말과 행동을 지나치게 중시한다. 다른 사람들이 우리가 걸어온 길을 평가할 수 있는 자료는 과거 우리가 했던 행동밖에 없으므로, 또 그런 주위 사람들을 실망시키고 싶지 않으므로, 우리는 일관성에 집착한다.

그러나 왜 항상 분별력을 가져야 하는가? 예전에 여기저기서 했던 말들과 모순이 생기지 않도록 하기 위해 왜 기억이라는 시체를 질질 끌고 다녀야 하는가? 언행에 모순이 있었다고 치자. 그래서 어쨌다는 말인가?

기억에만 의지하지 말 것, 기억이 확실하다고 해도 거기에만 의지하지 말 것, 과거를 수천 개의 눈이 지켜보는 현재로 끌어내어 언제나 새로운 날을 살아갈 것, 이것이 현명한 태도라고 생각한다.

형이상학은 신의 인격을 거부했다. 그러나 영혼이 흔들리는 것 같은 열렬한 충동을 느낄 때면 거기에 마음과 생명을 맡겨라. 설사 그런 마음의 동요가 신에게 형태와 색채를 부여하는 것이어서 당신의 논리와 맞지 않는다고 해도 거기에 모든 것을 내맡겨라. 당신의 이론에서 벗어나라. 요셉이 음탕한 여자의 손에 옷을 남겨두고 달아났듯이,[2] 그렇게 평소 지론에서 벗어나라.

---

2) 구약성서 「창세기」 12장 참조.
여인이 요셉의 옷을 붙잡고 동
침을 요구하자 그 여인의 손에
옷을 남겨두고 도망친다는 내용.

어리석은 일관성은 좁은 마음에서 나온 도깨비 같은 것으로, 그릇이 작은 정치가와 철학자, 신학자 들이 숭배하는 대상이다. 일관성과 위대한 영혼은 서로 아무 관계도 없다. 일관성을 걱정하는 것은 벽에 비친 자신의 그림자를 걱정하는 것과 같다.

오늘 당신이 생각하는 것을 단호하게 말하라. 그리고 내일은 또 내일 생각하는 것을 단호하게 말하라. 오늘 말하는 것이 어제 말한 것과 모든 면에서 모순된다 해도 괜찮다.

'아, 그러면 틀림없이 오해받을 텐데.'

오해받는 게 그렇게 나쁜 것인가?

피타고라스는 사람들로부터 오해를 받았다. 소크라테스도, 예수도, 루터도, 코페르니쿠스도, 갈

릴레오도, 뉴턴도 마찬가지다. 인간의 육신에 깃들었던 순수하고 현명한 정신은 모두 세상으로부터 오해를 받았다. 위대한 인물이 된다는 것은 오해를 받는다는 것이다.

2장

만물의 중심이 되어라

누구도 자신의 본성을 거스를 수 없다. 인간이 분출하는 모든 의지는 자신의 존재 법칙 안에 국한된다. 안데스와 히말라야의 높이 차이가 지구상의 곡선에서 보면 사소한 것과 마찬가지다.

당신이 그를 어떻게 평가하고 시험하든, 그 사람은 변하지 않는다. 사람의 성격이란 아크로스틱 acrostic[3]이나 알렉산드리아의 시구와 비슷하다. 앞으로 읽으나 뒤로 읽으나, 혹은 가로질러 읽으나 똑같은 철자가 된다.

지금 나는 신이 내게 허락한 숲속의 집에서 쾌적하게 지내며 참회하는 생활을 하고 있다. 내가 미래를 예상하지도, 과거를 돌아보지도 않고 그날그날 마음에 떠오른 생각을 솔직하게 그대로 기록하

---

3) 각 행의 첫 글자나 끝 글자를 이으면 말이 되는 유희시.

면 어떻게 될까? 의도하거나 확인하지 않더라도 반드시 균형 잡힌 것이 되리라고 나는 믿는다.

내 책에서는 소나무 향기가 풍기고 윙윙거리는 날벌레 소리가 들릴 것이다. 내 창틀 위에 사는 제비는 부리에 물고 온 실이나 지푸라기로 집을 지으면서 그것을 나의 문장 속에도 섞어 넣을 것이다.

인간은 자기 자신으로 있을 수밖에 없다. 성격이 의지보다 그 사람에 대해 더 많은 것을 말해준다. 사람들은 자신의 미덕이나 악행이 공공연한 행동을 통해서만 표현되는 것으로 생각하고, 매순간 그것이 숨을 내쉬며 밖으로 드러나고 있다는 사실은 깨닫지 못한다.

정직하고 자연스럽게 이루어졌다면 갖가지 다양한 행위에도 공통점이 있기 마련이다. 동일한 의지에서 나온 것이기에 겉으로 아무리 달라 보여도 그런 행위들은 조화를 이루게 된다.

조금 거리를 두고 떨어져서 보면, 조금 높은 데서 내려다보면, 다양성은 눈에 띄지 않는다. 하나의 경향이 그 모든 것을 하나로 묶는다.

아무리 훌륭한 배라도 항해 도중에 이리저리 방향을 바꾸기 때문에 지그재그 모양으로 운항하게 된다. 충분히 거리를 두고 배가 지나간 물길을 바라보면, 한 방향으로 움직이는 직선 형태를 나타낼 것이다. 성실하게 행동하면 그 행위는 스스로 해명될 것이고, 당신이 행한 다른 모든 성실한 행동들도 자연히 설명된다.

하지만 순응하는 행위는 아무것도 설명해주지 않는다. 독자적으로 행동하라. 당신이 예전에 독자적으로 행동했던 것들이 지금의 당신을 정당화해줄 것이다.

위대한 행위는 미래에 호소한다. 오늘 내가 사람들의 눈을 의식하지 않고 단호하게 옳은 일을 할 수 있다면, 나는 예전에도 그렇게 올바른 행동을 해왔던 것이 분명하다. 그리고 과거의 올바른 행위는 지금의 나를 정당화해줄 것이다.

어떤 사람이 되면 좋겠다고 생각한다면, 지금 바로 그런 사람이 되어라. 어떤 경우에도 다른 사람들의 시선에 개의치 않으려고 노력한다면, 결국엔 항상 그럴 수 있을 것이다.

인격의 힘은 차곡차곡 쌓인다. 지난날에 행한 미

덕의 힘이 오늘에 미친다. 정치가와 전쟁터의 영웅들이 갖춘 위엄은 어디서 연유한 것일까? 무엇이 인간의 상상력을 불러일으키는 것일까? 과거의 위대한 날들과 승리에 대한 의식 때문이다. 그런 기억들이 한 줄기 빛이 되어 지금 무대로 걸어 나오는 배우를 비춘다. 눈에 보이는 천사들이 그를 둘러싸고 지켜주는 셈이다.

채텀[4]의 음성에 천둥소리를 부여하고, 워싱턴의 풍채에 위엄을 더하고, 애덤스[5]의 눈에 미국을 투영시킨 것이 그것이었다. 명예는 하루살이의 목숨처럼 짧고 덧없는 것이 아니기 때문에 우리는 그것을 귀하게 여긴다.

명예는 먼 옛날에 뿌리를 두고 있는 미덕이다. 오늘날 우리가 명예를 숭배하는 것은 그것이 오늘

---

4) 윌리엄 피트(William Pitt, 1708~1778). 채텀 백작 1세. 실질적인 총리 역할을 한 영국의 정치인으로, 연설을 하면 의사당 밖에서도 들릴 정도로 뛰어난 웅변가였다고 한다.
5) 미국의 독립전쟁 지도자(1722~1803). 미국이 영국으로부터 독립한 뒤 매사추세츠 주지사를 지냈다.

의 것이 아니기 때문이다.

　우리가 명예를 사랑하고 경의를 표하는 것은 그
것이 우리의 사랑과 경의를 붙잡기 위한 함정이 아
니라, 독립적이고 그 자체에서 유래한 것이기 때문
이다. 그렇기에 젊은이에게서 명예가 발현되었다
하더라도, 그 명예는 유서 깊고 순수한 혈통에 연
결되어 있는 것이다.

나는 순응이나 일관성 따위의 말을 이제 더는 듣지 않았으면 좋겠다. 그런 말들은 앞으로 관보官報에나 실어서 웃음거리로 만들었으면 한다. 식사시간을 알리는 종소리 대신 스파르타군의 용맹스러운 관악기 소리를 듣고 싶다. 다시는 허리를 굽히지 말고, 더는 우물거리며 사과하지 말자.

유명 인사가 식사를 함께 하러 우리 집에 온다고 하자. 나는 그 사람을 기쁘게 해주려고 애쓰지 않는다. 오히려 그가 내 기분을 맞추어주길 바란다. 나는 그를 중요한 인물로서가 아니라 나와 같은 인간으로 맞이하고 싶다. 손님에게 친절해야 하겠지만 나 자신을 속이면서 그렇게 하지는 않을 것이다.

이 세상의 매끈한 평범함과 비열한 만족감에 과감히 맞서고 그것을 질책하자. 인습과 거래 행위와

관청의 면전에 모든 역사의 귀착점인 다음과 같은 사실을 던져주자. 인간 행동의 배후에는 반드시 그 행동의 원인이 된 위대한 '사상가'와 '행위자'가 있다는 것, 참된 인간은 어떤 시대, 어떤 장소에도 속하지 않고 만물의 중심이라는 것을 말이다.

참된 인간이 있는 곳에는 자연이 있다. 그는 당신을, 모든 사람을, 그리고 모든 사물을 재는 척도이다.

대개 이 사회에 살고 있는 사람들은 다른 어떤 것이나 다른 어떤 사람을 연상시킨다. 하지만 인격과 실체는 어떤 것도 떠올리게 하지 않는다. 인격과 실체는 우주 전체를 대신하는 것이기 때문이다. 인간은 자신을 둘러싼 환경의 차이를 하찮게 만들어버릴 정도로 거대한 존재가 되어야 한다.

참된 인간은 한 사람 한 사람이 원인이고, 국가이고, 시대이다. 그가 자신의 생각을 완벽하게 성취하기 위해서는 무한한 공간과 수학과 시간이 요구된다. 그리고 후세 사람들은 마치 그에게 예속된 부하처럼 그 참된 인간의 발자취를 따르게 될 것이다.

카이사르가 출현한 뒤로 로마 제국이 오랫동안 영화를 누렸다. 예수 그리스도가 탄생하자 수백만 명이 그의 천재에 의지해 성장했고, 그래서 그리스도는 인간의 미덕 및 가능성과 동일시되고 있다.

하나의 제도는 한 사람의 그림자가 연장된 것이다. 수도원제도는 은자隱者 안토니[6]의 그림자이고, 종교 개혁은 루터의 그림자이다. 퀘이커교는 폭스[7],

---

6) 성 안토니(St. Antony, 251~356). 이집트의 수도승으로 동방수도원을 창시했다.

7) 조지 폭스(George Fox, 1624~1691). 영국의 설교사. 개인적인 신앙 체험을 바탕으로 퀘이커교를 창설했다.

감리교는 웨슬리[8], 노예제도 폐지는 클락슨[9]의 그림자이다. 밀턴이 스키피오[10]를 "로마의 절정"이라 부른 것도 같은 뜻이다. 모든 역사는 몇몇 용감하고 열정적인 인물의 전기로 간단하게 환원되는 것이다.

---

8) 존 웨슬리(John Wesley, 1703~1791). 감리교 운동을 주도한 영국의 신학자.

9) 토머스 클락슨(Thomas Clarkson, 1760~1846). 노예무역과 식민지 노예제도에 반대한 영국의 노예해방 운동가.

10) 푸블리우스 코르넬리우스 스키피오(Publius Cornelius Scipio, 기원전 236~기원전 184). 고대 로마의 장군이자 정치가.

인간은 자신의 가치를 알고, 모든 것을 발아래 두어야 한다. 세계가 나 자신을 위해 존재하는 것이므로, 고아나 사생아 혹은 도둑놈처럼 이곳저곳을 엿보거나 도둑질을 하거나 살금살금 숨어 다녀서는 안 된다.

하지만 우리가 거리에서 만나는 평범한 사람은, 탑을 세우고 대리석에 신상을 조각하는 것과 같은 그런 힘에 상응하는 가치 있는 것을 자신의 내부에서 찾지 못하는 탓에 탑과 신상을 보면서 비참한 기분을 느낀다.

그에게는 궁전과 조각상, 값비싼 책이 자신과는 인연이 없고 가까이 갈 수도 없는 화려한 마차 행렬처럼 느껴진다. 마차에 탄 사람이 그를 내려다보며 "대체 누구신지"라고 묻는 것처럼 움츠러든다.

그러나 그 모든 것들은 그의 것이다. 그의 주목을 끌기 위해 청원하고 있으며, 그가 능력을 발휘해서 자신들을 소유해주기를 원하고 있다. 그의 눈앞에 걸려 있는 그림은 그의 평가를 기다리고 있다. 그림이 그에게 지시하는 것이 아니다. 칭찬을 바라며 호소하는 그림을 놓고 어떻게 할지 그가 결정하는 것이다.

널리 알려진 술주정뱅이에 대한 우화가 있다.

술에 취해 거리에 죽은 사람처럼 누워 있던 주정뱅이를 사람들이 공작의 저택으로 옮겨서, 깨끗하게 씻기고 멋진 새 옷을 입혀 공작의 침대에 눕혔다. 그가 깨어나자 모든 사람들이 허리를 굽히며 그를 공작처럼 받들어 모셨다. 그러자 술주정뱅이는 자신이 진짜 공작이며, 그동안 정신이 살짝 나

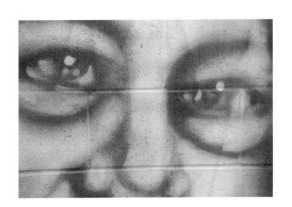

갔었다고 생각하게 되었다.

이 우화가 많은 사람들에게 공감을 불러일으키는 이유는 인간이 처한 상황을 너무나 잘 표현해주기 때문이다.

이 세상에서 인간은 일종의 술주정뱅이 상태에 있다. 하지만 깨어 일어나 정신을 차리면 자신이 진정한 귀족이라는 사실을 깨닫게 되는 것이다.

책을 읽을 때 우리는 마치 구걸하는 것처럼 책 내용에 아첨하는 태도를 보인다. 역사를 바라볼 때에도 우리의 상상이 진실을 흐려놓는다.

왕국과 귀족, 권력, 영토와 같은 어휘는, 초라한 집에 살면서 평범한 일을 하는 존과 에드워드처럼 이름 없는 사람들과 비교하면 훨씬 화려하다. 그러나 인생에서 일어나는 일은 왕족이든 평민이든 똑같다. 양쪽의 총량을 따져보면 다르지 않다.

왜 알프레드[11]와 스칸데르베크[12]와 구스타부스[13]에게 그처럼 경의를 표하는가? 그들이 덕 있는 인물이었다고 하자. 그렇다고 그들이 그 덕을 남김없

---

11) 잉글랜드 왕(849~899). 스웨덴, 덴마크 등에 살던 데인족을 크리스트교로 개종시켰다.

12) 오스만 제국의 군대를 격퇴시킨 알바니아의 민족영웅(1403~1468).

13) 스웨덴 왕(1594~1632). 스웨덴이 유럽 강국으로 발전하는 기틀을 마련했다.

이 모두 사용했는가?

왕들의 뚜렷하고 이름 높은 발자취에 뒤따랐던 것과 같은 커다란 보상이 오늘날 평범한 당신의 행위에도 걸려 있다. 평범한 사람들이 독자적인 견해를 갖고 의식적으로 행동할 때, 왕의 행위만을 비추던 영광이 그의 행위로 옮겨간다.

세계는 왕의 가르침을 받고, 왕은 국민들의 시선을 한 몸에 받는다. 이 위대한 상징으로부터 사람과 사람이 서로에게 표해야 할 경의를 배울 수 있다.

사람들은 왕과 귀족 혹은 대영주에게 기쁜 마음으로 충성을 바친다. 이 충성심은 그들 자신의 권리와 아름다움, 그리고 모든 인간의 권리에 관한 인식을 어렴풋하게나마 표현하는 상형문자이다.

왕과 귀족과 대영주는 이런 충성이 있기 때문에 자신만의 법을 만들고, 세간의 척도를 무시한 채 자신만의 척도로 사람과 사물을 평가하고, 은혜는 돈이 아니라 명예로 갚고, 자신이 곧 법을 대표한다고 선언할 수 있는 것이다.

모든 독창적인 행위는 왜 인간을 끌어당기는 것

인지, 그것은 자기신뢰의 이유를 탐구함으로써 설명할 수 있다. '신뢰받는 자'는 누구인가? 보편적 신뢰의 근거가 되는 본래의 '자신'이란 무엇인가?

과학을 당혹스럽게 하는 저 별, 독립심이 조금이라도 담겨 있으면 사소하고 불순한 행위에까지 아름다움의 빛을 쏘는 별, 시차視差도 없고 측정 가능한 요소도 없는 별의 본질과 힘은 무엇인가?

이 물음을 따라가면 재능과 덕과 생명의 본질, 우리가 '자발성' 또는 '본능'이라고 부르는 근원에 닿게 된다. 후천적으로 배우는 교육과 대비시켜 우리는 이 근원적 지혜를 '직관'이라고 한다. 그 심오한 힘 속에, 분석이 불가능한 궁극적인 사실 속에, 모든 사물의 공통된 근원이 있다.

왜 그런지는 모르지만 조용한 시간이면 인간 영

혼의 내부에서 존재의 감각이 솟아오른다. 그 감각은 사물, 공간, 빛, 시간, 인간과 구별되는 별개의 것이 아니라 그것들과 함께 있다. 그 감각은 또 생명과 존재가 연유한 바로 그 근원으로부터 나온다.

우리도 처음에는 만물의 근원인 생명을 공유한다. 그런데 그후 인간 이외의 것은 자연 현상으로 보기 때문에 자신도 동일한 근원에서 생겨났다는 것을 잊어버리고 만다.

하지만 바로 여기에 인간 행동과 사고의 원천이 있다. 인간에게 지혜를 주고, 불신자나 무신론자가 아닌 다음에는 부인할 수 없는, 영감靈感이 숨쉬는 허파가 여기에 있는 것이다.

우리는 광대한 지혜의 무릎 위에 누워 있다. 그 지혜는 우리에게 진리를 들려주고, 우리를 통해 활동한다. 우리가 정의를 분별할 때, 우리가 진실을 분별할 때, 우리 자신은 아무것도 하지 않는다. 다만 지혜의 빛을 통과시키고 있을 따름이다.

그 빛이 어디에서 온 것인지 묻는다 해도, 만물의 근본인 영혼을 탐색한다 해도, 철학은 아무것도 가르쳐주지 않는다. 그것이 존재하는가 아니면 존재하지 않는가, 우리가 확실히 말할 수 있는 것은 그뿐이다.

모든 사람은 자신의 의식적인 행동과 무의식적인 지각을 분별할 수 있다. 그리고 무의식적인 지각이야말로 전적으로 신뢰할 만한 것이라는 사실을 알고 있다. 무의식적인 지각을 말로 표현할 때 실수를 할 수는 있지만, 그것의 존재는 낮과 밤처럼 명백해서 논쟁의 대상이 아니다.

반면, 의식적인 행동이나 살아오면서 획득한 것들은 이리저리 움직이며 변한다. 근거 없는 공상, 아주 희미하고 소박한 감정이 사람들의 호기심과 경의를 지배한다.

생각 없는 이들은 다른 사람이 무의식적인 지각을 말로 표현하면 그것을 의견으로 여기고 간단히 부정해버린다. 아니, 의견보다 더 쉽게 부정한다. 그것은 지각과 의견을 분간하지 못하는 탓이다. 그들은 당신이 보고 싶은 것만 볼 뿐이라고 생각한다.

하지만 지각은 기분 내키는 대로 일어나는 것이 아니라 숙명적으로 일어난다. 만약 내가 어떤 특성을 깨닫는다면, 내 아이들도 그것을 깨달을 것이며, 시간이 지나면 온 인류가 깨달을 것이다.

나 이전에는 그것을 깨달은 사람이 없었다고 해

도 달라지는 것은 없다. 내가 그것을 지각한 것은
태양의 존재와 마찬가지로 명백한 사실이기 때문
이다.

인간의 영혼과 신성한 영靈의 관계
는 너무나 순수해서 중간에 무언가를 개재시키는
것이 오히려 모독이다. 신은 언제나 한 가지가 아
니라 모든 것을 말한다. 세계를 신의 음성으로 채
우고, 사고의 중심에서부터 빛과 자연, 시간, 영혼
을 밖으로 퍼트리고, 신기원을 세우고, 만물을 새
로 창조한다.

소박한 마음으로 신성한 지혜를 받아들일 때 낡
은 것들은 사라진다. 수단, 교사, 경전, 신전이 무
너진다. 정신은 현재에 살고, 과거와 미래를 현재
의 시간으로 통합해 흡수한다.

세상에 존재하는 모든 것은 순진무구한 정신과
의 관계를 통해 신성해진다. 모든 것은 제각각의
이유로 만물의 중심에 녹아들고, 보편적인 기적 속

에서 무수한 작은 기적은 소멸한다.

그러므로 신을 알고 있으며 신을 말할 수 있다고 주장하는 사람이 나타나, 어딘가 다른 세계에 있는 오래된 나라의 용어를 써가며 당신을 과거로 이끌려고 해도 그 사람을 믿지 마라.

도토리가 완성된 형태인 참나무보다 씨앗인 도토리가 낫다는 말인가? 부모가 자신의 완숙한 형태를 불어넣은 자녀보다도 그 부모가 낫다는 말인가? 그것이 아니라면 과거를 숭배하는 풍조는 어디에서 연유한 것인가?

세월은 영혼의 건전함과 권위를 침해하는 음모자이다. 시간과 공간은 우리의 눈이 만들어낸 생리적 색채이지만, 영혼은 빛 그 자체이다. 빛이 지금 있는 곳은 낮이고, 예전에 있었던 곳은 밤이다. 그

리고 역사는 나의 현재와 미래에 관계된 유쾌한 교
훈담이나 우화에 지나지 않으며, 그 이상이면 주제
넘고 해로운 것이다.

사람들은 머뭇거리며 변명만 늘어놓는다. 자신의 다리로 굳건하게 서 있지 못한다. "나는 이렇게 생각한다" 또는 "나는 이렇다"라고 감히 말하지 못하고 성인과 현자의 말을 인용한다.

그래서 사람들은 풀잎이나 활짝 핀 장미 앞에 서면 부끄러움을 느낀다. 내 방 창문 아래 피어 있는 장미는 예전에 피었던 장미나 자기보다 더 아름다운 장미를 마음에 두지 않는다. 장미는 있는 그대로 그저 피어 있을 뿐이며, 신과 함께 오늘을 살고 있다. 장미에게는 시간이 없다. 단지 장미로 존재할 뿐이다.

장미는 존재하는 매순간 완벽하다. 잎눈이 트기 전에도 장미의 온 생명은 활동한다. 꽃이 활짝 피었다고 생명활동이 증가하는 것도 아니고, 잎이 떨어져 뿌리만 남았다고 생명활동이 감소하는 것도 아니다. 장미의 본성은 어떤 순간에도 똑같이 만족하고, 자연 도 장미의 존재에 매순간 만족한다.

하지만 인간은 무언가를 미래의 일로 미룬다든지 과거를 돌아본다. 인간은 지금을 살아가지 않는다. 과거를 돌아보며 슬퍼하고, 지금 자신을 에워싸고 있는 풍요에서 눈을 돌리고, 발꿈치를 들고 미래를 넘겨다보려 한다.

장미처럼 시간을 초월해서 자연과 더불어 현재에 살지 않는다면, 인간은 행복해지지도 강해지지도 못한다.

이것은 너무도 명백한 사실이다. 아무리 초월적인 지성의 소유자라도 다윗이나 예레미야, 바울의 언어를 통하지 않으면 감히 신의 음성을 들을 용기가 없다.

기껏해야 몇 권의 경전, 몇 사람의 인물에 그렇게 높은 가치를 부여할 이유가 어디에 있는가?

우리는 할머니나 교사가 한 말을 기계적으로 반복하는 어린아이와 같다. 이 어린아이는 나이를 먹어가면서 우연히 만난 재능 있는 사람이나 인격자의 말을 기계적으로 되풀이한다. 그들이 한 말을 정확하게 기억해내려고 애쓰면서 말이다.

그러다가 자신도 그런 말을 한 사람들과 같은 견문과 학식을 지니는 경지에 이르면, 그제야 그들을 이해하게 되고 그 말들을 기꺼이 놓아버린다. 이제 자신도 필요할 때면 언제든 그런 말을 할 수 있기 때문이다.

진실하게 산다면 우리는 진실을 볼 수 있다. 강자가 강해지는 것은 약자가 약해지는 것만큼 쉬운 일이다. 우리가 새로운 지각을 갖게 되면, 기억 속에 보물로 소중하게 쌓아두었던 것들을 쓸모없는 물건처럼 기쁘게 내던질 것이다.

우리가 신과 더불어 산다면, 신의 음성은 졸졸 흐르는 시냇물 소리나 곡식의 이삭을 살랑살랑 스치는 바람 소리처럼 아름답게 들릴 것이다.

그런데 이 주제에 관계된 궁극적인 진실은 아직 이야기하지 않았다. 그것은 말로 표현할 수 없는 것인지도 모른다. 우리가 말하는 모든 것은 직관한 내용을 아주 멀리 떨어진 지점에서 기억해낸 것에 불과하기 때문이다.

지금 내가 가장 근접하게 표현할 수 있는 범위에서 이야기하자면 그 내용은 이렇다. 선(善)이 당신 가까이 있을 때, 당신이 내부에 생명을 지니고 있을 때, 그것은 이미 알려진 방법이나 관습에 따른 것이 아니다.

거기에는 누구의 발자국도 없다. 누구의 얼굴도 보이지 않고, 누구의 이름도 들을 수 없다. 그 방법, 사고, 선은 완전히 낯설고 새로운 것이다. 활용할 수 있는 사례나 경험도 없다. 그것은 다른 사람에게서 떠나오는 길이지 다른 사람에게 향하는 길이 아니다.

이미 잊혔지만, 일찍이 존재한 모든 사람들은 이 길에 봉사했던 이들이다. 공포와 희망이 모두 이 길 아래 놓여 있다.

그런데 심지어 희망 속에도 무언가 침울한 부분이 있다. 깨달음의 순간에는 감사라고 부를 만한 것도, 환희라고 부를 만한 것도 없다.

욕정을 초월한 곳에서 영혼은 동일성과 영원한 인과관계를 바라본다. 그리고 '진리'와 '정의'가 어디에도 의존하지 않고 그저 스스로 존재함을 인식하고, 모든 일이 순리대로 진행되는 것을 깨닫고 평온해진다.

대서양이나 남양과 같은 광대한 자연 공간도, 연

월이나 세기 등 시간의 긴 간극도 아무런 의미가

없다. 내가 생각하고 느끼는 이것은 나의 현재를

지탱할 뿐만 아니라, 과거 모든 순간의 생과 상황,

그리고 죽음의 기초를 형성하고 있다.

3장

혼자서 가라

가치 있는 것은 살아간다는 것이지 지금까지 살아왔다는 것이 아니다.

힘은 활동을 멈추고 휴식하는 순간에 소멸한다. 힘은 과거에서부터 새로운 상태로 옮겨가는 순간, 심연을 뛰어넘는 순간, 목표를 향해 돌진하는 순간 속에 존재한다.

영혼은 고정된 것이 아니라 무엇이 되어가는 과정에 있다. 이 사실을 온 세상은 싫어한다. 왜냐하면 그 사실이 과거의 가치를 영원히 떨어뜨리고, 모든 부를 가난으로 바꿔놓고, 모든 명성을 수치로 뒤바꾸고, 성인과 악한을 혼동시키고, 예수와 유다를 같은 쪽으로 밀어내기 때문이다.

그렇다면 왜 우리는 자기신뢰에 관해 말하고 있는 것일까? 영혼이 존재하는 한 힘도 존재하기 때문이다. 그것은 무언가에 의지하는 힘이 아니라 스스로 활동하는 힘이다.

신뢰에 대해 말한다고 해도 피상적인 이야기가 되어버린다. 차라리 신뢰하는 주체에 대해 이야기하자. 주체는 활동하며 존재하기 때문이다. 만물의 원리에 나보다 더 순종하는 사람은 손가락 하나 까딱하지 않고도 나를 지배한다. 영혼의 인력에 의해 나는 그의 주위를 빙빙 돌 수밖에 없다.

뛰어난 덕에 대해 이야기할 때, 우리는 그것이 현실에 관한 이야기가 아니라 그저 아름답게 꾸며낸 말이라고 생각한다.

우리는 덕이 지고하다는 것을 알지 못한다. 그리고 유연한 태도로 원리를 받아들인 개인이나 집단이 그렇지 못한 도시와 국가, 왕, 부자, 시인을 자

연의 법칙에 따라 제압하고 지배해야 한다는 것을

깨닫지 못하고 있다.

모든 것은 축복받은 '하나'로 귀결된다. 이것은 자기신뢰라는 주제에 국한되지 않고 모든 논의에서 도달하게 되는 궁극적인 사실이다.

어디에도 의지하지 않고 그 자체로 존재하는 것이 '만물의 근원'이 가진 속성이다. 그 속성의 하위 형태인 만물의 가치는 그 속성을 얼마나 갖추고 있는지에 따라 결정된다. 다시 말해, 존재하는 모든 것은 내포하고 있는 만큼의 덕에 따라 이 세상에 존재하는 것이다.

상업, 농경, 수렵, 고래잡이, 전쟁, 웅변, 개인적 영향력 등은 덕과 불순한 행위가 공존하는 예로서 나의 흥미를 끈다. 자연계에서도 종의 보존과 성장을 위해 같은 법칙이 작용하고 있다. 힘은 자연계에서 정당성의 근본 척도이다. 자연은 스스로 돕지 못하는 존재가 자신의 왕국에서 살아가도록 허용하지 않는다.

행성의 탄생과 성장, 그 행성의 균형과 궤도, 강풍에 휘어졌다가 스스로 곧추서는 나무, 모든 동식물의 생태 등은 자족적이고, 따라서 자기의존적인 영혼을 보여주는 예이다.

이처럼 모든 것은 한 가지에 집중된다. 그러므로 밖으로 돌아다니며 헤매지 말고 만물의 근원과 더불어 자신의 내면에 머물도록 하자. 이 신성한 사실을 단도직입적으로 선언해, 인간과 책과 제도라는 침입자 무리를 깜짝 놀라게 하자. 침입자들에게 신발을 벗으라고 명령하자. 왜냐하면 우리의 내부에 신이 함께하고 있으니까.

우리의 소박함으로 그들을 판단하자. 자신의 법에 따라 살아가는 유순함을 통해, 우리가 본래 갖고 있는 풍요함에 비해 자연과 운명이 준 것은 얼마나 보잘것없는지를 보여주자.

하지만 지금 우리는 어리석은 대중에 불과하다. 인간이라는 존재에 대해 경외심을 품지 않는다. 자신의 재능을 믿고 집에 머물면서 내면의 큰 바다와 교류하지 않고, 밖으로 나가 남의 항아리에서 물 한 잔을 구걸한다.

우리는 혼자서 가야 한다.

나는 예배가 시작되기 전의 고요한 교회를 좋아한다. 어떤 설교보다 그것이 더 좋다. 자신만의 성역이나 신전에 들어가 있는 인간의 얼굴은 얼마나 초연하며 청량하고 순결하게 보이는지!

그러므로 항상 고요하게 앉아 있자. 내가 앉아 있는 벽난로 앞에 친구나 아내, 아버지, 아이가 함께 있다고 해서, 같은 피를 나누었다고 해서, 내가 그들의 잘못을 떠안을 이유는 무엇인가?

인류에게 나의 피가 흐르고, 나에게 인류의 피가 흐른다. 그렇다고 해서 나는 그들의 성마름이나 어리석음을 본뜨지는 않는다. 오히려 그것을 부끄럽게 생각할 뿐이다.

그러나 고립은 기계적인 것이 아니라 영적인 것이어야 한다. 그래서 자신을 고양시키는 것이어야 한다. 당신이 자기만의 성역에 있으려 할 때면, 때때로 온 세상이 공모해서 사소한 일로 당신을 괴롭히려 드는 것처럼 여겨질지도 모른다.

친구, 의뢰인, 자녀, 질병, 공포, 결핍, 자선 등이 한꺼번에 몰려와 닫혀 있는 문을 두드리면서 이렇게 소리칠 것이다.

"어서 이리로 오라."

움직이지 마라. 그들의 혼란 속으로 들어가지 마

라. 당신의 우유부단한 호기심이 다른 사람들에게 당신을 괴롭힐 힘을 준 것이다. 누구도 내 행동을 통하지 않고는 내 곁에 가까이 다가올 수 없다.

"우리는 사랑하는 것을 갖고 있지만, 욕망 때문에 그 사랑을 잃는다."

순종과 신앙이라는 성스러운 경지에 곧바로 도달할 수 없다 해도, 적어도 유혹에는 저항하자. 싸울 태세를 갖추고 우리 색슨족의 가슴에 토르[14]와 보단[15]을, 용기와 굳은 절개를 일깨우자. 지금처럼 평화로운 시기에는 진실을 말하는 것으로 그것을 성취할 수 있다.

거짓된 친절과 거짓된 애정을 점검하자. 우리가 만나서 이야기를 나누는 사람들, 속고 속이는 그 사람들의 기대에 맞춰 더는 그렇게 살지 말자.

그들에게 이렇게 말하자.

"아버지여, 어머니여, 아내여, 형제여, 친구여. 나는 지금까지 외견만을 좇아 당신들과 함께 살아왔다. 하지만 지금부터 나는 진리의 소유물이다.

---

14) 북유럽 신화에서 천둥, 전쟁, 농업을 주관하는 신.
15) 북유럽 신화에 나오는 오딘의 영어 이름. 지식, 문화, 군사를 주관하는 최고의 신.

지금부터 나는 영원의 법이 아닌 어떤 법에도 복종하지 않는다는 것을 알아두시라.

혈연 이외에는 그 어디에도 묶이지 않을 것이다. 부모를 모시고, 가족을 부양하고, 한 아내의 순결한 남편이 되려고 노력할 것이다. 하지만 이런 관계는 새롭고 전례 없는 방식으로 이루어질 것이다. 세상의 관습을 그대로 따를 생각은 없다. 나는 나 자신이 되지 않으면 안 된다. 나는 이제 더는 당신들을 위해 나 자신을 파괴할 수 없다. 또 당신들을 파괴할 수도 없다.

지금 이대로의 나를 당신들이 사랑해준다면 우리는 더욱 행복해질 수 있다. 만약 당신들이 그렇게 할 수 없다면, 나는 지금 이대로의 모습으로도 사랑받을 수 있는 사람이 되기 위해 노력할 것이다.

내가 좋아하는 것과 싫어하는 것을 감추지 않을 것이다. 심원한 것이 성스러운 것이라 믿고, 내 마음이 즐거워하는 대로, 내 마음이 시키는 대로, 저 해와 달 앞에서 언제라도 단호하게 행동할 것이다.

당신들이 고상한 마음을 지니고 있다면 나는 당신들을 사랑할 것이다. 그렇지 않다면 위선적인 관심을 베풀어 당신들과 나 자신을 상처 입히는 일은 하지 않을 것이다.

당신들이 진실하다 해도, 그 진실이 나의 진실과 똑같은 것이 아니라면, 당신들은 자신의 동료에게 충실하라. 나는 나의 동료를 찾을 것이다. 이기심 때문이 아니라 겸손하고 진실한 마음으로 그렇게 하는 것이다.

우리는 지금까지 오랫동안 거짓 속에서 살아왔

다. 하지만 진실하게 사는 것은 당신을 위한 것이고, 나를 위한 것이며, 그리고 우리 모두를 위한 것이다.

지금 이런 이야기가 불쾌하게 들리는가? 하지만 당신들도 곧 나 자신의 본성뿐 아니라 당신들 자신의 본성이 말하는 것을 사랑하게 될 것이다. 우리가 진실을 좇아 살아간다면, 그 진실이 결국에는 우리를 지켜줄 것이다."

내가 이렇게 말하면 가족과 친구들에게 고통을 주는 것일지도 모르겠다. 그렇다 해도 나는 그들의 감정이 상하지 않도록 하기 위해 나의 자유와 힘을 팔아버릴 수는 없다. 게다가 누구에게나 이성이 눈을 뜨는 순간, 절대 진리의 영역으로 눈을 돌리게 되는 순간이 있다. 그때가 되면 그들은 내가 옳았다는 사실을 알고, 내가 그들에게 한 것과 똑같이 행동할 것이다.

세상의 일반적 기준을 거부하면, 세상 사람들은 모든 기준을 거부하는 것으로 보고 도덕률을 폐기하자는 것으로 생각한다. 실제로 대담한 감상주의자는 철학의 이름을 빌려 자신의 죄를 미화하려 한다. 그러나 세상의 기준은 무시한다 해도 자신의 의식에서는 도망칠 수 없기에 우리는 참회할 수밖에 없다.

참회하는 방식에는 두 가지가 있다. 하나는 직접적인 방식으로 속죄함으로써 의무를 다하는 것이고, 다른 하나는 외부의 기준을 반영하는 방식으로 죄를 씻는 것이다.

두 번째 방식을 택한다면 당신의 아버지, 어머니, 사촌, 이웃, 마을, 고양이나 개와 적절한 관계를 맺었는지 생각해보자. 이 가운데 누군가에게 비난받을 만한 일은 없었는지 되짚어보자.

하지만 이런 외부의 기준을 무시하고 자신의 기준에 따라 스스로 면죄를 선언할 수도 있다. 나에게는 단호한 주장과 완벽한 궤도가 있다. 그 기준에 따르면, 세상 사람들이 의무라고 부르는 임무 가운데 내게는 의무가 아닌 것이 많이 있다. 이런 자신의 기준을 만족시킬 수 있다면 세상의 기준을 따를 필요가 없어진다.

이런 규율이 너무 느슨하다고 생각하는 사람이 있다면, 단 하루만이라도 자신의 기준에 따라 생활해보라 말하고 싶다.

인간이 공통적으로 갖고 있는 동기를 버리고 자기 자신을 신뢰하며 스스로 엄격한 주인이 되려고 하는 사람은, 내면에 신과 같은 무언가를 가지고 있어야만 한다.

그의 마음은 높고, 그의 의지는 충실하며, 그의 시야는 맑다. 그는 자기 자신에게 진정한 교의敎義가 되고 사회가 되고 법이 된다. 소박한 목적도 그에게는 평범한 다른 사람들이 철칙으로 생각하는 것과 똑같이 중요한 것이 될 수도 있다.

'사회'라고 불리는 것에 요즘 나타나는 현상을 보면, 이런 종류의 윤리가 필요하다는 것을 누구나 깨닫게 될 것이다. 마치 근육과 심장을 빼앗겨버린 사람처럼, 우리는 소심하고 맥없는 울보가 되어버렸다. 우리는 진실을 두려워하고, 운명을 두려워하고, 죽음을 두려워하고, 서로를 두려워한다.

우리 시대에는 위대하고 완전한 인간이 단 한 사람도 나타나지 않고 있다. 생활과 사회 현상을 혁신할 남자와 여자를 모두가 기다리고 있으나, 현실에서는 대부분의 사람들이 파산 상태에 있다. 자기자신의 욕구조차 만족시키지 못하고, 자신들의 실제적인 힘에 걸맞지 않은 야망을 갖고 있으며, 밤이나 낮이나 다른 사람들에게 기대어 구걸하고 있을 뿐이다.

　우리의 살림살이는 구걸하는 거지나 다름없다. 우리의 예술, 직업, 결혼, 종교는 우리가 선택한 것이 아니라 사회가 선택해준 것이다. 우리는 말로만 전사일 뿐이다. 운명이라는 고된 전장에서 강한 힘이 솟아나는 법인데, 우리는 그런 전장에서 달아나고 있다.

요즘 젊은이들은 처음 일을 시작해서 실패하면 완전히 풀이 죽어버린다. 젊은 상인이 사업을 하다 실패하면 주위 사람들은 그의 인생이 끝났다고 말한다.

아주 명석한 천재가 대학 졸업 후 일 년 이내에 보스턴이나 뉴욕 같은 대도시 근처에서 취직하지 못했다고 하자. 그러면 크게 상심해서 나머지 인생 전부를 불평 속에서 보내는 것을 그 자신이나 그의 친구들 모두 당연하게 생각한다.

그와는 반대로, 뉴햄프셔나 버몬트 같은 시골 출신의 강인한 젊은이는 차례로 온갖 직업에 도전한다. 짐을 나르고, 밭을 갈고, 행상을 하고, 학교를 운영하고, 설교를 하고, 신문을 편집하고, 의회에 들어가고, 대지주가 된다. 이런저런 일을 하는 동안 역경이 닥쳐와 벼랑으로 굴러 떨어져도 그는 언제나 고양이처럼 부드럽게 착지한다. 이런 젊은이는 도시의 인형 같은 젊은이 백 명에 맞먹는 가치가 있다.

그는 시대와 나란히 걷고, '전문 교육'을 받지 못했다는 것을 전혀 부끄러워하지 않는다. 왜냐하면 그는 인생을 미루지 않고 오늘을 살고 있기 때문이다. 그에게는 한 가지 기회가 아니라 백 가지 기회가 있다.

스토아[16] 철학자를 불러서 인간의 자원資源에 관해 논하게 하자. 사람은 누군가에게 기대는 버드나무가 아니라는 것을, 자신의 발로 설 수 있으며 그렇게 해야만 한다는 것을 말하게 하자.

자기신뢰를 실천하면 새로운 힘이 모습을 드러낸

---

16) 기원전 300년경 제논이 창시한 그리스 철학의 한 파. 평온한 마음과 확실한 도덕을 낳는 행동 양식을 제시하는 것이 모든 탐구의 목표라고 주장했다.

다. 신의 말이 몸을 얻은 것이 인간이며, 인간은 다른 사람들을 치유하기 위해 태어났다. 동정을 받는 것은 수치스러운 일이다. 법률과 책과 우상을 창밖으로 던져버리고 자기 안의 명령에 따라 행동하라. 그러면 세상 사람들은 더 이상 당신을 가엾게 여기지 않고 오히려 감사하며 존경하게 될 것이다. 이런 것들을 스토아 철학자에게 가르쳐달라고 하자.

그렇게 되면 인간의 삶은 영광을 회복할 것이며, 그 철학자의 이름은 역사 속에서 영원히 빛날 것이다.

자기 자신을 믿으면 일과 인간관계, 종교, 교육, 연구, 생활 양식, 교제, 재산, 관념에서 혁명이 일어날 것이라는 사실을 쉽게 떠올릴 수 있다.

인간은 어떤 기도에 열중하는가!

사람들이 신성한 임무라고 부르는 것은 그 정도로 훌륭하고 용감한 것이 아니다. 우리의 기도는 언제나 외부를 향하고 있다. 자신과는 아무 관계도 없는 미덕을 통해 알지 못하는 무언가가 외부로부터 더해지기를 기도한다. 그리고 자연과 초자연, 중재와 기적 간의 끝없는 미로 속에서 길을 잃어버린다.

특정한 이익을 구하는 기도는, 모든 사람들에게 선이 되지 않는 어떤 것을 구하는 기도는 사악하다. 기도는 가장 높은 관점에서 현실을 내려다보며 조용히 생각하는 것이다. 그것은 인생을 바라보며 기뻐하는 영혼의 독백이다. 기도는 또 자신의 과업을 선이라고 선언하는 신의 영혼이다.

그러나 개인적인 목적을 이루기 위한 기도는 비열한 것이며, 도둑질이나 마찬가지다. 이런 기도는 자연과 의식을 일치하는 것이 아니라 이원적인 것으로 가정한다.

신과 일체가 된 인간은 그 즉시 구걸하지 않게 된다. 그리고 인간의 모든 행위에서 기도를 발견하게 될 것이다. 잡초를 뽑기 위해 들판에 무릎을 굽힌 농부의 기도, 노를 저으며 무릎을 꿇은 사공의 기도는 목적이 비록 하찮은 것이긴 하지만 자연을 통해 들려오는 진정한 기도이다.

플레처 [17]가 쓴 『본듀카 Bonduca』에서 카라타크는 아우다테 신의 마음을 물어보라는 명을 받았을 때 이렇게 대답한다.

---

17) 존 플레처(John Fletcher, 1579~1625). 희극과 비극 작품을 많이 남긴 영국의 극작가.

신의 숨은 뜻은 우리의 노력 속에 있다.

용기야말로 우리에게 최고의 신이다.

또 하나 잘못된 기도는 후회이다. 불평은 자기신뢰가 부족해서 나오는 것이고, 의지가 약하기 때문에 표출되는 것이다. 불행을 뉘우치는 것으로 고통받는 자를 도울 수 있다면 그것도 좋다. 그것이 아니라면 자신의 일에 열중하라. 그러면 잘못이 고쳐지기 시작한다.

후회와 마찬가지로 동정도 비루한 것이다. 부끄러움도 모르고 큰 소리로 울고 있는 사람을 보면, 우리는 그의 곁으로 다가가 나란히 앉아서 따라 운다. 강한 충격을 가해서 그에게 진실을 전하고, 건강을 회복하게 하고, 다시 한 번 그가 자신의 이성에 귀를 기울이게 하지 않고, 함께 눈물을 흘릴 뿐이다.

행운의 비밀은 우리 손 안의 기쁨에 있다. 신에게나 인간에게나 언제나 환영받는 것은 스스로 돕는 사람이다. 그에게는 모든 문이 활짝 열려 있고, 모두가 반갑게 인사하고, 모든 영광이 돌아가고, 모든 사람들의 눈길이 탐내듯 그의 뒤를 좇는다.

그가 우리의 사랑을 구하지 않았기 때문에 우리의 사랑은 그를 향하고 그를 껴안는다. 그가 자신의 길을 고수하고 우리의 비난을 무시했기 때문에 우리는 필사적으로, 마치 변명하듯 그를 껴안고 찬양한다.

사람들이 그를 미워하기 때문에 신은 그를 사랑한다. 조로아스터[18]는 "성스러운 신은 불굴의 인간에게 질풍과 같이 강림한다"고 말했다.

---

18) 기원전 628~551년 무렵 이슬람교 이전에 페르시아의 고대 종교인 조로아스터교를 창시했다.

인간의 기도가 의지의 질병인 것처럼 교의는 지성의 질병이다.

그들은 저 어리석은 이스라엘 백성들과 더불어 이렇게 말한다.

"당신이 우리에게 말씀하소서, 우리가 들으리이다. 하나님이 우리에게 말씀하시지 말게 하소서, 우리가 죽을까 하나이다."[19]

어디에 가더라도 나는 내 형제 속에 깃든 신과 만나는 것을 방해받고 있다. 왜냐하면 형제는 자기 신전의 문을 닫아걸고, 자기 형제의 신, 혹은 그 형제의 형제의 신에 대한 우화만을 암송하고 있기 때문이다.

새로운 정신은 새로운 분류를 갖게 된다. 로크[20], 라부아지에[21], 허턴[22], 벤담[23], 푸리에[24]처럼 비범한 활동과 힘을 갖춘 정신이 나타나면 그것은 일파를 이루어 다른 사람들에게 자신의 분류를 적용한다. 그리하여 보라! 하나의 새로운 체계가 나타난다. 그 새로운 정신의 만족감은 사상의 깊이에 따라, 또 거기까지 제자들이 도달할 수 있도록 그들의 손이 닿는 범위에 얼마나 많은 것들을 제시했느냐에 따라 결정된다.

그런 경향이 가장 뚜렷하게 나타나는 것은 교의와 교파이다. 교의와 교파도 인간의 의무나 신과 인간의 관계라는 근본적인 개념에 막대한 영향력을 발휘하는 강력한 정신의 분류에 지나지 않는다.

19) 이스라엘 백성들이 모세에게 한 말. 구약성서 「출애굽기」 20장 19절 참조.

20) 존 로크(John Locke, 1632~1704). 영국의 철학자. 계몽철학과 경험론의 원조로 일컬어진다.

21) 앙투안 라부아지에(Antoine Lavoisier, 1743~1794). 프랑스의 화학자. 그가 쓴 「화학명명법」은 현재 사용되는 화학술어의 기초가 되었다.

22) 제임스 허턴(James Hutton, 1726~1797). 영국의 지질학자. 근대 지질학의 창시자로 불린다.

23) 제러미 벤담(Jeremy Bentham, 1748~1832). 영국의 철학자이자 법학자. 인생의 목적은 최대다수의 최대행복에 있다는 공리주의를 주창했다.

24) 샤를 푸리에(Charles Fourier, 1772~1837). 프랑스의 사회사상가. 공상적 사회주의자로 생산자 협동조합을 주창했다.

캘빈주의, 퀘이커교, 스베덴보리교 등이 그것이다.

그 종파의 입문자들은 모든 사물에 새로운 용어를 붙이면서, 식물학을 갓 배운 소녀가 식물학 용어를 적용해 대지와 계절을 새로운 눈으로 볼 때와 같은 기쁨을 느낀다.

제자들은 스승의 가르침에 따라 공부하면서 얼마 동안은 자신들의 지력이 성장한다고 생각할지도 모른다. 그러나 균형 잡히지 못한 정신은 분류를 우상화한다. 분류를 재빨리 사용해서 소진해야 할 수단이 아니라 궁극적인 목적으로 여기게 된다.

그래서 그들의 눈 속에서는 새로운 체계의 벽이 먼 지평선에서 우주의 벽과 뒤섞여 한계가 없어진다. 그들에게는 하늘의 별들이 스승이 세운 궁륭에 걸려 있는 것처럼 보인다. 그들은 일파에 속하지 않는 외부인이 어떻게 별을 볼 권리를 갖는지, 심지어 어떻게 별을 볼 수 있는지도 이해하지 못한다. '뭔가 수를 써서 우리에게서 빛을 훔쳐간 것이 틀림없다' 고 생각한다.

그들은 빛이 특정한 일파에 속하거나 정복당하지 않는 것이어서 어떤 오두막집도 비춘다는 것을, 그래서 그들이 사는 오두막 역시 비춘다는 것을 깨닫지 못한다.

그런 사람들은 얼마 동안 자신들이 좋을 대로 떠들면서 빛이 자기들의 것이라고 말하게 내버려두자. 입으로 어떤 말을 하건 그들이 정직하고 훌륭하게 살아간다면, 아늑하기만 했던 그들의 새로운 오두막이 머지않아 너무 좁고 또 낮게 느껴질 것이다.

그 오두막은 기울고, 허물어지고, 썩어서 없어질 것이다. 그때 불멸의 빛이, 젊음과 기쁨에 넘치는 빛이, 무수한 광륜과 무수한 색채를 가진 빛이 천지창조의 아침처럼 온 우주를 비출 것이다.

교양 있는 사람들이 아직껏 '여행'이라는 미신에 매혹당하는 것은 자기수양이 부족한 탓이다. 이 미신에 사로잡힌 사람들은 이탈리아와 영국, 이집트 등을 숭배한다. 이처럼 영국, 이탈리아, 그리스를 신성한 땅으로 숭배하게 된 것은 그곳에 살던 사람들이 그 땅이 곧 지구의 지축이나 되는 듯 자신들의 땅에 집착했기 때문이다.

하지만 인간의 내부에서 힘이 넘쳐 오르면, 그는 자신의 의무 속에서 자신이 있어야 할 장소를 발견하게 된다.

영혼은 여행자가 아니다. 현명한 사람은 집에 머무른다. 필요나 의무 때문에 집을 떠나는 일이 있고 때때로 외국에 나가기도 하지만, 마음은 여전히 집에 있을 때와 다름없다는 평온한 얼굴을 하고 있다. 그런 표정을 본 이들은 그가 지혜와 덕을 전하는 사람이라는 것을 깨닫게 된다. 그는 상인이나 시종이 아니라 마치 군주처럼 당당하게 도시와 사람들을 방문한다.

여행을 떠나는 사람이 자신이 태어난 곳을 사랑한다면, 나도 예술과 학문, 박애를 위해 세계를 여행하는 것을 심술궂게 반대하지 않는다. 여행의 목적이 그가 알고 있는 것보다 좀더 굉장한 무엇을 찾으려는 것이 아니라면 말이다.

그러나 즐기기 위해 여행하는 사람, 자신에게 없는 것을 손에 넣기 위해 여행하는 사람은 자신에게서 도망치는 것이다.

낡은 것들 속에서 젊은이의 마음은 늙어버린다. 테베[25]나 팔미라[26]에서 그의 의지와 정신은 그 고대 도시들과 마찬가지로 낡아서 황폐해진다. 그는 폐허에 폐허를 가져가는 것이다.

25) 이집트의 고대 도시.
26) 시리아의 사막에 있는 유적지.

여행은 어리석은 자의 낙원이다. 한 번이라도 여행을 떠나보면, 어디에 가더라도 그곳이 그곳일 뿐, 그다지 차이가 없다는 점을 깨닫게 된다.

집에 앉아서 나폴리나 로마를 상상할 때면, 이국적인 도시의 아름다움에 취해서 슬픔 따위는 잊을 수 있을 것 같다. 나는 짐을 꾸리고, 친구들과 작별 인사를 나누고, 항해에 나서 마침내 나폴리에서 아침을 맞는다. 하지만 그곳에서도 엄연한 현실, 곧 내가 도망쳐온 슬픈 자아가 예전과 조금도 달라지지 않은 모습으로 가차 없이 다가온다.

나는 바티칸을 방문해 궁정을 둘러본다. 경치와 암시에 취한 척 가장해보지만 사실은 도취되지 않는다. 내가 어디를 가더라도 나의 분신인 거인은 언제나 나와 함께 있다.

여행을 열망하는 것은 지적 활동 전체에 영향을 주는, 한층 깊은 불건전함을 보여주는 징후이다. 지성이란 본래 방랑자처럼 정처 없이 떠돌아다니는 것인데, 현대의 교육제도 탓에 불안정한 성격이 더욱더 강해졌다.

육체가 집에 머물러 있어야만 할 상황일 때, 우리의 마음은 여행을 떠난다. 그래서 우리는 모방한다. 그 모방이란 바로 정신의 여행이다.

우리는 이국적인 집을 짓고, 외국의 장식품으로 선반을 꾸민다. 자신의 의견과 취미, 능력보다 '과거의 것'과 '멀리 있는 것'을 더 좋아하고 그것을 흉내 낸다.

그러나 예술의 번성기에 그 예술을 창조한 것은 언제나 인간의 영혼이었다. 예술가는 자신의 정신에서 모델을 찾았다. 자신의 느낌을 기준으로 무엇을 만들 것인지, 어떻게 만들 것인지를 생각했다. 그렇다면 우리가 도리아 양식[27]이나 고딕 양식을 흉내 낼 필요가 어디 있는가? 아름다움과 편리함, 위대한 사상, 기이한 표현은 그들만의 것이 아니라 우리 주변에도 얼마든지 있다.

현대의 예술가가 희망과 애정을 갖고 자신이 창조하고자 하는 것을 연구한다면, 그가 사는 곳의 기후와 토양, 낮의 길이, 사람들의 요구, 정부의 관습과 형식 등을 검토한다면, 그는 이 모든 조건에 들어맞고 나아가 취미와 정서도 만족시키는 그런 집을 지을 수 있을 것이다.

---

27) 고대 그리스의 건축 양식.

4장

마음의 목소리를 들어라

자기 자신을 고수하라. 결코 모방하지 마라.

태어나면서 받은 능력은 언제든 표현할 수 있고, 세월과 함께 교양이 쌓인 만큼 더더욱 풍요롭게 표현할 수 있다. 그러나 다른 사람에게서 차용한 능력은 임시변통에 불과해서 시간이 지나도 완전히 자기 것이 되지 않는다.

어떤 사람이 가장 잘할 수 있는 것이 무엇인지 가르쳐줄 수 있는 것은 그를 만든 조물주뿐이다. 자신이 타고난 본분이 무엇인지는 직접 해보기 전에는 알지 못하며, 알 수도 없다.

셰익스피어를 가르칠 수 있었던 교사가 어디에 있는가? 프랭클린이나 워싱턴, 베이컨, 뉴턴을 가르칠 수 있었던 교사가 어디에 있는가? 위대한 인물은 모두가 유일무이한 존재이다. 스키피오[28])가 창설한 스키피오주의의 핵심은 그가 다른 곳에서 차용할 수 없었던 바로 그 부분이다. 셰익스피어를 연구한다고 해서 셰익스피어를 만들어낼 수 없다.

하늘이 당신에게 맡긴 일을 하라. 그러면 무엇이든 희망할 수 있고, 무엇이든 감행할 수 있다. 바로 그 순간, 당신은 피디아스[29])의 끌이나 이집트인들의 흙손, 모세나 단테의 펜이 표현해낸 것과 같은 화려하고 웅장한 표현을 얻게 된다. 그때 그 표현은 누구의 것과도 다르다.

천 개의 혀를 가졌으며, 표현이 풍부하고 뚜렷한 그런 영혼이 했던 말을 되풀이하지 않을 것이다. 그러나 만약에 대가들이 한 말을 들을 수만 있다면, 당신은 분명 똑같은 어조로 그들에게 답할 수

---

28) 고대 로마의 장군이자 정치가.
29) 고대 그리스의 대표적인 조각가. 파르테논 신전의 아테네 여신상을 만들었다.

있을 것이다. 귀와 혀는 별개의 기관이지만, 그 본질은 같기 때문이다.

당신 삶의 소박하고 고결한 영역에서 살아가라. 마음의 목소리에 복종하라. 그러면 당신은 태초의 세계를 다시 이 땅 위에 창조할 수 있을 것이다.

우리의 종교, 우리의 교육, 우리의 예술이 외부로 눈을 돌리듯이 사회정신도 외부를 향하고 있다.

모든 사람들이 사회가 진보한다고 자랑하지만, 진보하는 인간은 한 사람도 없다.

사회는 결코 전진하지 않는다. 한 부분이 진보하면 즉시 다른 부분이 후퇴한다. 사회는 쉴 새 없이 변화한다. 미개한 사회가 문명화하고, 크리스트교로 바뀌고, 풍요로워지고, 과학적으로 변화하기도 한다. 하지만 이런 변화는 개선이 아니다. 무언가를 얻을 때는 무언가를 빼앗기는 법이다.

사회가 새로운 기술을 습득하면 예전의 본성을 잃어버린다.

주머니에 시계와 펜과 수표를 넣고, 좋은 옷으로 차려입고, 읽고 쓰고 생각하는 미국인이 있다. 그리고 재산이라고는 곤봉 하나, 창 한 자루, 거적 한 장, 스무 명이 함께 생활하는 오두막이 전부인 뉴질랜드인이 있다. 이 두 사람을 비교해보자. 얼마나 대조적인가! 하지만 이들의 신체적 강건함을 생각해보면, 미국의 백인은 원시적인 생명력을 잃어버렸다는 것을 알 수 있다.

여행자들이 전하는 말이 사실이라면, 뉴질랜드의 미개인은 도끼로 얻어맞아도 하루 이틀이면 새살이 돋아나 치유된다고 한다. 도끼가 아니라 부드러운 송진으로 맞은 것처럼 말이다. 하지만 미국의 백인이 도끼에 맞으면 무덤으로 직행하게 될 것이다.

문명인은 마차를 만들었지만 그 때문에 두 발을 사용하는 법을 잊어버렸다. 지팡이로 몸을 지탱하지만 근육 자체의 지지력을 상실했다. 멋진 스위스제 시계를 차고 있지만 태양을 보고 시간을 알아내는 능력을 잃어버렸다.

그리니치 항해력을 가지고 있어서 필요한 정보를 언제나 손에 넣을 수 있지만, 거리를 지나다니는 사람들은 하늘의 별을 읽는 법을 알지 못한다. 하지와 동지를 마음에 두지 않고, 춘분과 추분에 대해서도 아는 것이 거의 없다. 하늘에는 일 년 내내 빛나는 달력이 펼쳐져 있지만 현대인의 마음에는 그것이 아무 지침이 되지 못한다.

수첩에 의지해 기억력은 쇠퇴하고, 도서관에 의지해 지력은 피폐해진다. 보험회사가 있음으로써 사고 건수가 늘어날 뿐이다.

기계가 오히려 방해가 되는 것은 아닌지, 세련됨을 추구하다 보니 활력을 잃지는 않았는지, 크리스트교가 제도화·형식화되면서 천성의 미덕이 지닌 힘이 약화되지는 않았는지 의문스럽다.

스토아학파 철학자들은 그 철학에 걸맞게 모두가 금욕주의자였다. 그런데 크리스트교 세계의 어디에 진정한 크리스트교인이 있는가?

높이나 부피의 기준이 바뀌지 않는 것과 마찬가지로 도덕의 기준도 변하지 않는다. 인간이 옛날보다 지금 더 위대해진 것은 아니다. 고대의 위인과 현대의 위인 사이에는 놀라울 정도로 일치하는 면이 있다는 사실을 알 수 있다. 19세기 과학, 예술, 종교, 철학을 모두 동원해도 플루타르크[30]가 그려낸 몇 세기 전의 영웅보다 위대한 인물을 길러내지 못한다.

인류는 시간과 함께 진보하는 것이 아니다. 포시온[31], 소크라테스, 아낙사고라스[32], 디오게네스는 위대한 인물들이지만, 그들은 자신과 같은 부류의 인간을 한 명도 남기지 않았다. 진정 그 위대한 인물들과 같은 부류라면, 그들의 이름으로 불리는 것이 아니라 자신의 이름을 갖고 일파를 창시했을 것이다.

---

30) 고대 그리스의 철학자이자 정치가(46~120). 『영웅전』의 작가로 유명하다.

31) 고대 그리스의 정치가(기원전 402~기원전 318).

32) 고대 그리스의 자연철학자(기원전 500경~기원전 428경).

각 시대의 기술과 발명은 그 시대가 걸친 의상일 뿐 인간에게 활력을 주지는 못한다. 기계가 개량되었다고 해도 그 피해가 이익을 상쇄하지는 못한다.

허드슨[33]과 베링[34]은 어선을 타고 놀라운 업적을 남겨, 과학기술이 집약된 배로 탐험에 나섰던 패리[35]와 프랭클린[36]을 놀라게 했다. 갈릴레오는 극장 관람용 작은 쌍안경 하나만으로 후세의 누가 발견한 것보다 더 멋진 천체 현상을 차례로 발견해냈다. 콜럼버스는 갑판도 없는 배로 '신세계'를 찾아냈다.

---

33) 헨리 허드슨(Henry Hudson, 1550~1611). 영국의 탐험가이자 항해가. 북서 항로와 북동 항로를 개척했다.

34) 비투스 베링(Vitus Behring, 1681~1741). 덴마크 태생의 러시아 항해가. 베링 해협과 알래스카를 탐험했다.

35) 윌리엄 패리 경(Sir William Parry, 1790~1855). 영국의 탐험가.

36) 존 프랭클린 경(Sir John Franklin, 1786~1847). 영국의 해군 소장이자 탐험가.

몇 년 전, 혹은 몇 세기 전에 박수갈채를 받으며 등장했던 수단이나 기계가 시간이 지나면서 사용되지 않고 소멸해버리는 것은 흥미로운 일이다.

위대한 천재도 그 본질은 한 사람의 인간이다.

전쟁 기술의 개량은 과학의 승리 가운데 하나로 인식되지만, 나폴레옹은 야영으로 유럽을 정복했다. 외부로부터의 지원을 모두 거부하고 오로지 자신의 용기에 의지해 진군한 것이다.

라스 카즈[37]에 따르면, 나폴레옹 황제는 "무기, 탄약고, 병참부, 운송수단을 없애고 로마시대의 관습을 좇아, 병사들이 지급받은 곡물을 자기 손으로 빻아서 직접 빵을 만들게 된 이후에야" 완벽한 군대를 꾸릴 수 있었다고 한다.

---

37) 라스 카즈(Las Cases, 1766~1842). 프랑스의 역사가. 세인트헬레나 섬에서 나폴레옹과 나눈 마지막 대화를 기록한 것으로 유명하다.

사회는 물결이다. 물결은 전진하지만, 물결을 구성하고 있는 물은 그렇지 않다. 똑같은 물 분자가 계곡에서 정상으로 튀어오르는 것은 아니다. 그 결합은 그저 표면적인 현상에 지나지 않는다.

오늘날 국가를 구성하고 있는 개인은 내년이면 죽음을 맞이하고, 그의 경험 또한 그와 더불어 사라진다.

재산에 의지하는 것, 혹은 재산을 보호해주는 정부에 의지하는 것은 자기 자신에 대한 신뢰가 부족하다는 뜻이다.

사람은 오랜 세월 자기 자신에게서 눈을 돌려 외부의 사물만을 바라보았고, 그 결과 교회와 학교, 사회제도를 재산의 보호자로 생각하게 되었다. 이런 조직들에 대한 공격을 강하게 비난하는 것도 그것을 곧 자신의 재산에 대한 공격으로 느끼는 탓이다.

세상 사람들은 인격이 아니라 소유하고 있는 것을 기준으로 상대방의 가치를 평가한다. 하지만 교양 있는 사람은 자신의 본성을 가장 존중하므로 재산을 부끄럽게 여긴다.

특히 재산이 우연히 자기 손에 들어온 경우, 즉

상속, 증여, 범죄 등으로 자기 것이 된 경우에는 자신의 소유물을 혐오하고, 자기 것이 아니라고 생각한다. 그런 재산은 자기에게 뿌리를 두고 있는 것이 아니며, 어쩌다 보니 혁명이나 강도에게 빼앗기지 않았을 뿐이라는 것이다.

이와는 반대로 인격은 언제나 필요에 따라 획득된다. 그것은 말하자면 살아 있는 재산이다. 살아 있는 재산인 인격은 지배자나 폭도, 혁명, 방화, 폭풍, 파산 등에 위협받지 않고, 그 사람이 호흡할 때마다 계속 새로워지면서 성장한다.

칼리프 알리[38]는 말했다.

"당신의 운명, 곧 당신 인생의 몫은 당신 자신을 추구하는 것이다. 그러므로 운명을 추구하는 것을 멈추고 마음을 가라앉히라."

38) 제4대 정통 칼리프로 재위 기간은 656~662년. 칼리프는 이슬람 공동체의 최고 지도자임.

외부의 사물에 의존하고 있는 탓에 우리는 집단에 속해서 노예처럼 비굴하게 숫자를 중시한다.

정당은 수없이 많은 집회를 연다. 그 집회에 참가한 젊은이는 모인 사람들의 수가 많으면 많을수록, 자신이 전보다 더 강해졌다고 느낀다. '에섹스 대표단', '뉴햄프셔의 민주당원', '메인의 휘그당원' 하고 새로운 함성이 울려 퍼질 때마다 젊은 애국자는 함께 모여 있는 수천 개의 팔과 눈을 통해 자신이 더 강해졌다고 생각한다.

개혁자들도 다르지 않다. 똑같은 방식으로 집회를 열고, 투표를 하고, 다수결로 결정한다.

그러나 친구여! 그렇게 해서는 신이 당신에게 들어가 머물러주지 않을 것이다. 오히려 그와는 정확하게 반대되는 방식으로만 당신에게 임할 것이다.

외부의 지원을 모두 거부하고 홀로 설 때, 인간은 강해지고 승리를 거머쥘 수 있다. 자신이 내건 깃발 아래 모여드는 사람이 많으면 많을수록 인간은 약해진다. 홀로 서 있는 한 사람의 인간은 도시 하나보다 낫지 않겠는가?

다른 사람들에게서 아무것도 구하지 마라. 그러면 끝없이 변하는 세상 속에서도 당신은 유일하고 확고한 지주支柱가 되어 주위의 모든 것들을 지탱하게 될 것이다.

사람은 태어날 때부터 힘을 지니고 있다는 사실. 가치 있는 것을 자신의 외부에서 찾았기 때문에 약해지고 말았다는 사실. 이것을 깨달은 사람은 주저 없이 자신의 생각에 몸을 던지고, 곧장 바른길로 돌아가 우뚝 선 채 자신의 손과 발로 기적을 행한

다. 두 발로 땅을 단단하게 딛고 있는 사람이 물구

나무를 선 사람보다 더 강한 힘을 낼 수 있는 것과

같은 이치이다.

'운' 이라고 불리는 것을 대할 때도 마찬가지다. 대부분의 사람들은 운명의 여신을 상대로 도박을 벌여서, 운명의 수레바퀴가 굴러가는 대로 모든 것을 얻거나 모든 것을 잃는다.

하지만 운에 따라 얻은 것은 도리에 합당하지 않으니 모두 내버리고, 신의 법관인 '원인'과 '결과'를 상대해야 한다. 위대한 '의지'에 따라 행동하고 선한 것을 얻어라. 그러면 '우연'의 수레바퀴를 쇠사슬로 묶어두게 되고, 앞으로는 수레바퀴가 어떻게 돌아갈지 두려워하지 않고 편안히 있을 수 있다.

정치적 승리, 수입의 증가, 건강 회복, 떠났던 친구가 돌아오는 것과 같은 반가운 일이 생기면 기운이 난다. 그리고 행운이 나를 기다리고 있다고 생각하게 된다. 하지만 그런 것을 믿지 마라.

당신 자신 말고는 아무것도 당신에게 평화를 가져다줄 수 없다. 근본 원리를 따르고 그 영광을 누리는 것 외에는 아무것도 당신에게 평화를 가져다줄 수 없다.

소문난 독서광인 버락 오바마 미국 대통령이 밝힌 애독서 목록에는 랠프 월도 에머슨의 『자기신뢰 Self-Reliance』가 들어 있다. 오바마 대통령은 셰익스피어의 희곡, 허먼 멜빌의 『모비딕』 등과 함께 가장 즐겨 읽는 책으로 『자기신뢰』를 꼽았다.

최근에 세상을 떠난 세계적인 팝 가수 마이클 잭슨도 에머슨의 책을 무척 좋아한 것으로 언론에 보도되었다. 소장 도서가 1만 권이 넘는다는 잭슨은 특히 에머슨에게서 많은 영감을 받아, 노래 가사에 그의 철학적 이념을 반영했다고 한다.

19세기의 사상가가 오늘날까지도 많은 사람들의

마음을 사로잡고 있는 이유는 무엇일까?

에머슨은 19세기 초절주의超絶主義 Transcendentalism 운동을 이끌어 사상사에 뚜렷한 발자취를 남긴 인물이다.

초절주의는 19세기 미국이라는 특수한 조건 아래 탄생한 역사적 산물이다. 미국은 이 시기에 정치적 독립을 획득했지만, 여전히 영국을 비롯한 유럽 제국에 정신적으로 종속된 상태였다. 여기서 신생 미국의 문화적 독립과 새로운 사상에 대한 요구를 반영해 나타난 것이 초절주의이다.

식민지로 이주한 청교도의 생활과 사상에서 근본이 되었던 캘빈주의는 인간의 타락을 전제로 하고 있다. 타락한 인간은 자신의 죄를 씻기 위해 신에게 무조건 복종해야 한다. 초절주의는 이런 엄격한 교리와 대립되는 위치에 서서, 인간을 누구에게도 양도할 수 없는 가치를 가진 존재로 파악하고, 사람은 누구나 스스로 긍지를 갖고 떳떳하게 자신의 삶을 살아갈 권리가 있다고 선언했다.

에머슨은 이런 초절주의 운동을 대표하는 사람으로서 미국의 사상과 문학에 큰 영향을 끼쳤다. 1836년 대표작인 『자연론 Nature』을 통해 기존의 종교적 · 사회적 신념 체계와는 다른 새로운 사상인 초절주의를 주장했다. 유명한 연설가이기도 했던 그가 1837년에 행한 "미국의 학자 American Scholar" 라는 강연은 '미국의 지적인 독립선언'이라는 평가를 받기도 했다.

에머슨의 사상은 미국 문학계에 큰 영향을 미쳤다. 소로, 휘트먼, 디킨슨, 프로스트가 그의 영향을 받은 대표적인 작가들이다.

에머슨의 초절주의가 특히 강조하는 것은 두 가지이다. 하나는 인간이 우주의 대령大靈, oversoul과 통하는 신성한 존재라는 것이고, 또 하나는 자기신뢰self-reliance이다.

이 책은 내면에 신성을 가진 존재인 인간이 자기신뢰를 기초로 행동함으로써 더 나은 사회를 이룰 수 있다는 그의 생각이 집약된 에세이다.

에머슨은 이 책에서 내면의 목소리에 귀를 기울이고, 다른 어떤 것에도 복종하지 않고 자기 자신에게만 복종함으로써 스스로 면죄를 선언할 수 있다고 강조한다.

"당신 자신을 믿어라. 자기를 신뢰하는 강한 현絃을 갖게 되면 모든 사람의 마음이 거기에 맞춰 울릴 것이다", "인간은 자기 자신으로 있을 수밖에 없다. 성격이 의지보다 그 사람에 대해 더 많은 것을 말해준다", "다시는 허리를 굽히지 말고 더는 우물거리며 사과하지 말자"는 그의 글을 읽으면 머리에 찬물을 뒤집어쓴 듯 정신이 번쩍 든다.

막상 에머슨의 글을 우리말로 옮기는 작업은 쉽지 않았다. 옮긴이의 지식과 역량 부족이 가장 큰 문제겠지만, 글 자체가 워낙 함축적이어서 앞뒤 문맥을 더듬어 의미를 유추하지 않고는 뜻을 파악하기 힘든 내용도 적지 않았다. 그래서 가능한 한 오늘 이 시간을 살아가는 우리가 이해하기 쉬운 글로 옮기려 애썼다.

문맥을 통해 의미를 유추하는 작업에는 필연적

으로 오류가 따를 테고, 에머슨 특유의 표현을 훼손해 글맛을 떨어뜨릴 위험도 크다. 하지만 부족한 번역을 통해서라도 에머슨 사상의 이 핵심만은 제대로 전해졌기를 바란다.

"자기 자신을 믿으면 새로운 힘이 모습을 드러낸다. 신의 말이 몸을 얻은 것이 인간이다."